Einsterns Schwester leicht gemacht

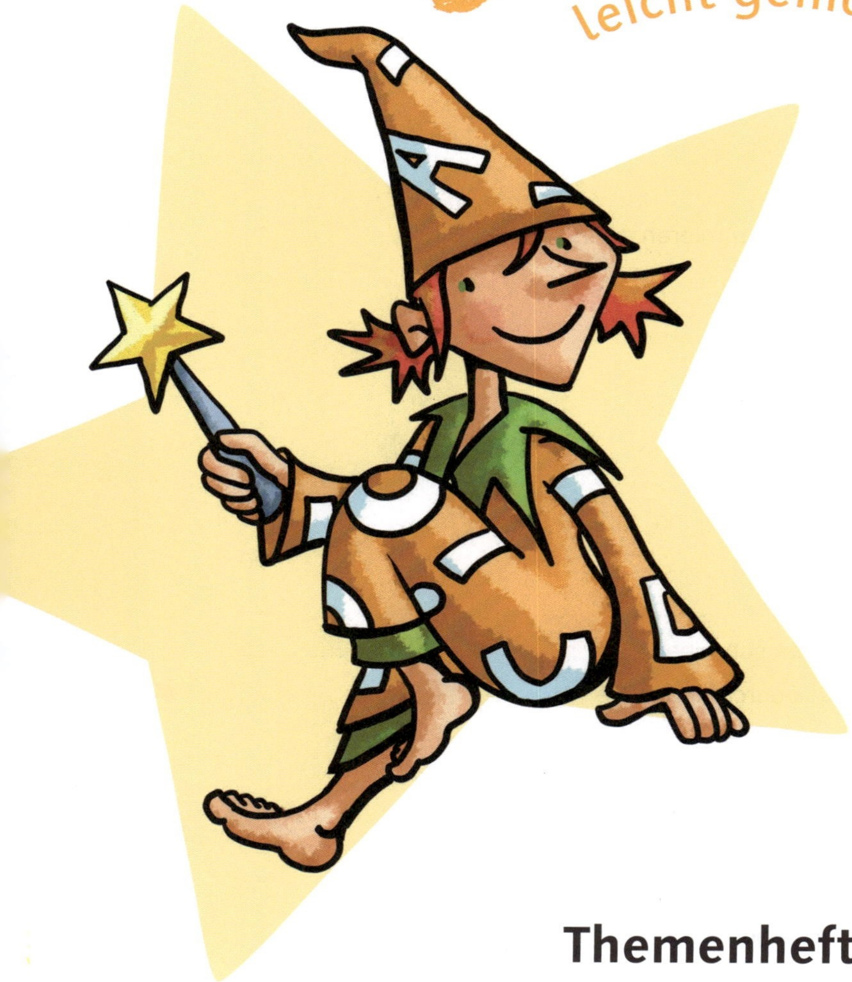

3

Themenheft 3

Texte planen und schreiben

Herausgegeben von
Roland Bauer, Jutta Maurach

Erarbeitet von
Katrin Baudendistel, Daniela Dreier-Kuzuhara, Martina Schramm

In Zusammenarbeit mit
der Redaktion Grundschule Deutsch 2–4

Cornelsen

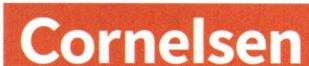

Inhaltsverzeichnis

Ich bin Lola und helfe dir mit Profitipps.

So kannst du mit den Heften arbeiten

Du machst alle
Seiten der Lernportion 1.

Zuerst im
grünen Heft.

Dann im
roten Heft.

Dann im
gelben Heft.

Und dann im
blauen Heft.

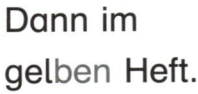

Danach machst du in
allen Heften die Lernportion 2.

Nun machst du in
allen Heften die Lernportion 3.

Genauso bearbeitest du
alle anderen Lernportionen.

In diesem Heft
kannst du den
Grundwortschatz
vertiefend üben.

1 Schreibe alle Wörter auf, die dir zum **Zirkus** einfallen.
Du kannst auch die Wörter im Rahmen nutzen.

> Seiltänzerin ✴ jonglieren ✴ Stelzen ✴ Clown ✴ ...

Ich sammle Wörter, bevor ich eine Geschichte schreibe.

zaubern,

2 Bitte ein Kind, deine Wörter aus ① zu ergänzen.

Lernportion 1: Eine Schreibidee entwickeln

① Schreibe eine Mind-Map mit deinen Wörtern von Seite 5.

zaubern

Stelzen

Was man tut

Dinge

Zirkus

Deko

Menschen

② Schreibe in Sätzen auf, was dir im Zirkus Spaß machen würde.

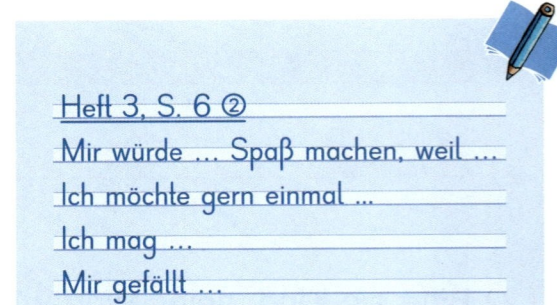

Heft 3, S. 6 ②
Mir würde … Spaß machen, weil …
Ich möchte gern einmal …
Ich mag …
Mir gefällt …

🔵 ③ Lies deinen Text aus ② einem Kind vor.

Lernportion 1: Eine Schreibidee entwickeln

AH 10

① Kreuze an, wer du sein möchtest.

② Schreibe passende Stichwörter zu deiner Figur aus ① auf.

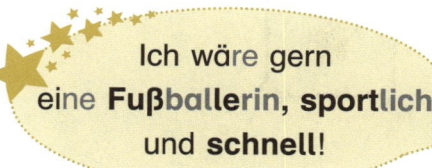
Ich wäre gern eine **Fußballerin, sportlich** und **schnell**!

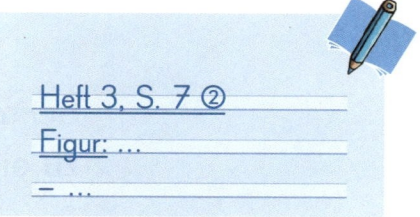
Heft 3, S. 7 ②
Figur: ...

③ Schreibe die Ideen zu deiner Figur in Sätzen auf. Nutze die Stichwörter aus ②.

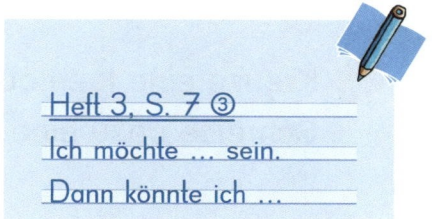
Heft 3, S. 7 ③
Ich möchte ... sein.
Dann könnte ich ...

1 Lies die Ideen zum Schreiben einer Geschichte.

Schreibe eine Geschichte aus der Sicht deines Tieres.

Mein Name ist Piko. Ich habe in der letzten Woche etwas Tolles erlebt. ...

Wähle eine Überschrift aus einer Zeitschrift und schreibe dazu.

Nimm dir einen Gegenstand. Erzähle eine Geschichte aus der Sicht dieses Gegenstandes.

Ich liege schon lange am Strand. Gestern hat mich ein Junge aufgehoben. Er ...

Erzähle, wen du gern einmal treffen würdest.

Schreibe eine Geschichte zu einem Bild.

2 Tauscht euch über die Ideen in ① aus. Überlegt, was ihr dazu schreiben könntet.

3 Kreuze eine Idee aus ① an. Schreibe dazu eine Geschichte.

Heft 3, S. 8 ③
...

Lernportion 1: Eine Schreibidee entwickeln

So höre ich zu:

1. <u>Vor dem Vortrag</u>
   Ich setze mich hin und **bin ruhig**.
   Ich schaue die vortragende Person an.

2. <u>Während des Vortrags</u>
   Ich höre gut **zu** und denke mit.
   Fragen merke ich mir für später.

Notizen helfen.

3. <u>Nach dem Vortrag</u>
   Ich stelle Fragen.
   Ich sage, was mir gefallen hat.
   Ich **gebe Tipps**.

① Besprecht, was richtig und was falsch ist.
Markiert die richtigen Aussagen.

A Vor dem Vortrag hole ich etwas zu trinken und zu essen.

B Ich bin ganz ruhig.

C Ich spreche während des Vortrags mit einem Kind.

D Ich stelle meine Fragen gleich.

E Nach dem Vortrag stelle ich Fragen.

So trage ich einen Text vor:

1. **Ich stehe auf.** Ich beginne, wenn alle ruhig sind.

2. **Ich sage einen Satz** zur Einleitung:
   Ich möchte euch vorstellen, wie mein Leben als ... aussehen würde.

3. **Ich trage** meinen Text **vor.**
   Ich spreche langsam, laut und **deut**lich.

4. **Nach jedem Satz** mache ich eine **kurze Pause.**

① Trage den Text zu deiner Figur von Seite 7, Aufgabe ③ vor.
Nutze diesen Leitfaden.

②

Du hast gut vorgetragen.

Sprich bitte etwas lauter.

Du hast dir tolle Dinge überlegt.

Lernportion 1: Eine Schreibidee entwickeln

Plenum: Merkmale eines gelungenen Vortrags nennen
MK-Tipp: eine Präsentation aufnehmen

D 26

① Lies den Brief.

1 Klasse 3a
der Sonnenschule
Lindenstraße 22
23456 Neustadt

2 Straßenverkehrsamt
Hauptstraße 4
23436 Neustadt

Neustadt, den 15. September 2023

3 **Wunsch**

4 Sehr geehrte Damen und Herren,

vor unserer Schule fahren immer sehr viele Autos. Das ist gefährlich für uns. Wir wünschen uns eine Ampel oder einen Zebrastreifen, damit wir sicher über die Straße gelangen können.

5 Mit freundlichen Grüßen

Klasse 3a

Achte auf die Ziffern 1–5 oben am Brief!

② Verbinde passend.

1	Absender
2	Empfänger
3	Betreff
4	förmliche Anrede
5	förmliche Grüße

Person, die einen Brief erhalten soll

Grund eines Briefes

Ende eines Briefes

Person, die einen Brief verschickt

Anrede einer Person mit Nachnamen oder mit „Sehr geehrte Damen und Herren"

 ① Lest die E-Mail.
Vergleicht die E-Mail mit einem Brief. Findet Unterschiede.

An:	training.maier@beispiel.de
Cc:	hanna.blume@beispiel.de
Betreff:	Anmeldung zu den E-Junioren

Sehr geehrte Frau Maier,

meine Freundin Hanna und ich möchten uns gern für das Training der E-Junioren anmelden. Bitte teilen Sie uns mit, ob Sie noch zwei Plätze frei haben. Was müssen wir alles mitbringen?

Wir freuen uns sehr, wenn das klappt.

Freundliche Grüße

Hanna und Bente

 ② Ergänzt die Sätze zur E-Mail.

| E-Mail-Adresse | Betreff | Brief | Internet | ~~Ort~~ | Datum |

Im Vergleich zu einem Brief fehlen rechts oben **Ort** und

_____. Die Anschrift ist eine _____.

Der _____ wird in der Betreffzeile eingetragen.

In einer E-Mail werden förmliche Anrede und förmliche Grüße wie bei

einem _____ verwendet.

Die E-Mail wird über das _____ verschickt.

So kannst du auf eine E-Mail antworten

– Klicke auf **Antworten**.

– Es öffnet sich eine neue E-Mail. Darin ist die **Adresszeile**
schon ausgefüllt. In der **Betreffzeile** steht **AW** (**Antwort**) vor dem Text.

		Senden
An:	anna.schneider@beispiel.de	
Betreff:	AW: Besuch	

– Schreibe deine Antwort.

– Klicke auf **Senden**. Die Nachricht wird nun über das Internet verschickt.

---

1 Lies die E-Mail von Tims Oma.
Schreibe auf, was Tim antworten könnte.

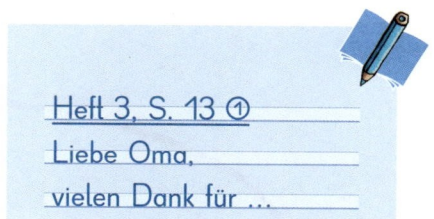

Heft 3, S. 13 ①
Liebe Oma,
vielen Dank für …

		↺ Antworten
An:	tim.schneider@beispiel.de	
Betreff:	Besuch	

Lieber Tim,

ich freue mich, dass du zu mir kommst. ☺

Schreib mir noch, wann dein Zug da ist.

Was wollen wir denn machen?

Liebe Grüße

Oma

So informiere ich andere über ein Thema:

1. **Ich wähle** ein Thema.

2. **Ich überlege**, wo (Homepage oder Aushang der Schule …) und wie (Plakat, Schülerzeitung …) mein Text erscheinen soll.

3. **Ich suche Infos** zu dem Thema, **plane** meinen Text und **notiere Stichwörter**.

4. **Ich schreibe** meinen Text und
   – mache Absätze,
   – verwende Zwischenüberschriften,
   – hebe Wörter im Text hervor,
   – achte auf klare Sätze,
   – füge Bilder ein.

5. **Ich lese** den Text und **verbessere** ihn.

6. **Ich veröffentliche** meinen Text.

Überlege, **für wen** du einen Text schreibst. Stimme den Text passend darauf ab.

Lernportion 2: Andere schriftlich informieren

Plenum: Austausch über Schreibabsicht, Schreibsituation, Adressaten und Verwendungszusammenhang, Unterscheiden zwischen persönlicher und förmlicher Kommunikation

14

1 Lies den Text, den Lisa und Tim geschrieben haben.

Das Motto unserer Schule ist:

Freundlichkeit!

Mach mit!

Sage **Hallo** und **Guten Tag**.

Begrüße alle Personen, die du in der Schule triffst.

Sage **Bitte**.

Sage so oft wie möglich Bitte.

„Könnte ich bitte deinen blauen Stift haben?"

Sage **Danke**.

Bedanke dich, wenn jemand etwas für dich getan hat.

„Danke, dass du auf mich gewartet hast!"

Nutze den Leitfaden auf Seite 14.

2 Wähle ein Thema. Schreibe einen Text wie in ①.
Gestalte ein Plakat oder schreibe am Computer.

Strom sparen: Das sind die besten Tipps!

Für einen sauberen Park: Helft alle mit!

Müll vermeiden: So geht es!

Lernportion 2: Andere schriftlich informieren

Plenum: sich darüber austauschen, warum Freundlichkeit wichtig ist
MK: einen Text digital oder analog veröffentlichen

D 27

15

Eine Geschichte hat Einleitung, Hauptteil und Schluss.

Wo ist Bente?

– Klasse 3a im Museum
– Herr Kuzu zählt die Kinder
– Bente ist nicht da
– alle rufen und suchen
– plötzlich ...

1 Überlege dir eine kurze Geschichte. Du kannst Lolas Beispiel nutzen.
Schreibe Stichwörter passend an den roten Faden.

Einleitung
Wer?
Wann?
Wo?

Hauptteil
Was passiert?

Schluss
Wie endet die
Geschichte?

Lernportion 3: Geschichten planen, schreiben und überarbeiten

Plenum: sich über verschiedene Möglichkeiten der Textplanung austauschen;
besprechen und begründen, welche Möglichkeit in ① ausgewählt wurde

16

Eine Geschichte besteht aus **Einleitung**, **Hauptteil** und **Schluss**.
In der **Einleitung** steht:
Wer spielt mit? **Wann** spielt die Geschichte? **Wo** spielt sie?
Der **Hauptteil** erzählt genau, **was passiert**.
Im **Schluss** steht kurz, **wie die Geschichte endet**.

① Lies die Geschichte.

Der neue Schüler

1 Wie jeden Mittwoch in der ersten Stunde hatten wir
Mathe bei Herrn Werner. Wir durften im Klassenraum
verschiedene Sachen wiegen.
Da klopfte es.
5 Eine Frau, ein Junge und ein Hund standen in der Tür.
„Ist das hier die Klasse 3b?", fragte die Frau.
Herr Werner nickte. „Ich bringe Ihnen
einen neuen Schüler", sagte die Frau. „Das ist mein Sohn Chan."
Chan lächelte.
10 „Neben Paul ist ein Platz frei.
Dort kannst du sitzen", sagte Herr Werner.
Plötzlich sprang der Hund los und setzte sich auf den freien Stuhl.
Die ganze Klasse lachte.
Die Mutter pfiff nach ihrem Hund.
15 Chan setzte sich lachend auf seinen Platz.

② Unterstreiche die Teile der Geschichte in ① farbig:
Einleitung, Hauptteil, Schluss.

1 Prüfe, ob der Text eine **Einleitung** ist.
Beantworte dazu die Fragen: **Wer? Wann? Wo?**

> Meine Oma Susi wollte ihr Haus am See aufräumen.
> Erkan, Alma und ich halfen ihr am Freitag dabei.

Wer?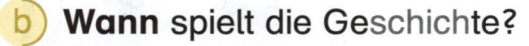

Wann?

Wo?

2 Überlege, zu welchem Erlebnis du
eine Geschichte schreiben möchtest.

a) **Wer** spielt in deiner Geschichte mit?

b) **Wann** spielt die Geschichte?

c) **Wo** spielt die Geschichte?

3 Schreibe die **Einleitung** zu ②.

① Lies die **Einleitung** der Geschichte.

Die Überraschung

Es war an einem Samstag im Mai. Mein Bruder Leo und ich waren gerade aufgestanden und kamen in die Küche.
Da sagte Papa: „Macht schnell, ihr beiden!
Wir haben etwas Tolles vor.“

② Schreibe mit Hilfe der Stichwörter den **Hauptteil** der Geschichte aus ① auf.

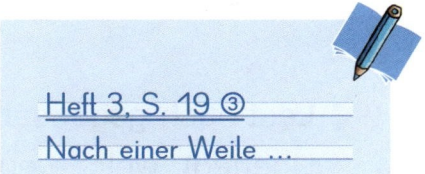

Heft 3, S. 19 ②
Papa, Leo und ich
fuhren ...

fuhren zum Tierheim

viele kleine Hunde

einer besonders neugierig

Name Benni

wichtige Tipps von Pflegerin

viele Spiele mit Benni

Ein **roter Faden** hilft beim Schreiben.

③ Schreibe einen **Schluss** für die Geschichte aus ① und ②.

Heft 3, S. 19 ③
Nach einer Weile ...

AH 25

Lernportion 3: Geschichten planen, schreiben und überarbeiten
Plenum: die Funktion des roten Fadens und von Stichwörtern für das Schreiben von Geschichten beschreiben

 19

> Jede Geschichte braucht eine **Überschrift.**
> Sie muss zum Text passen.

 (1) Seht euch die Fotos an und lest die Sätze.
Überlegt euch einen Schluss.

Der Hund ist schon ewig hier.

Er wurde bestimmt ausgesetzt.

Was habt ihr vor?

Wir nehmen ihn mit nach Hause.

Wo ist mein Hund?

(2) Finde eine Überschrift zu (1).

(3) Lest euch gegenseitig eure Überschriften vor.
Überlegt, welche euch am besten gefallen. Begründet.

Lernportion 3: Geschichten planen, schreiben und überarbeiten

Plenum: sich über das Verhalten der Personen aus der Bildergeschichte austauschen
MK-Tipp: ein Foto für den Schluss der Geschichte machen

20
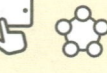

> **Unterschiedliche Satzanfänge** machen einen Text besser.

1   Schreibe den Text auf. Nutze die Satzanfänge.

| Plötzlich | Zum Glück | Wir | So | Zunächst | Dort | Dann |

Ein Erlebnis im Wald

Gestern haben wir einen Lauf gemacht.

    trafen wir uns beim Start.

    bekam jedes Team eine Karte.

    ging es los.

    standen wir an einer Brücke.

    hatten uns verlaufen.

    half uns eine Frau weiter.

    haben wir das Ziel noch erreicht.

Ein Erlebnis im Wald

Gestern

So schreibe ich eine Erlebnisgeschichte:

1. **Ich überlege**, zu welchem Erlebnis ich eine Geschichte schreiben möchte.

2. **Ich plane** meine Erlebnisgeschichte und notiere Stichwörter. Dabei beachte ich
   – die Einleitung (Wer? Wann? Wo?),
   – den Hauptteil (Was passiert?),
   – den Schluss (Wie endet die Geschichte?).

3. **Ich schreibe** meine Erlebnisgeschichte. Dazu nutze ich meine Stichwörter und weitere Ideen.

Ich schreibe darüber, wie ich gestern mit Imo gespielt habe.

4. **Ich lese** die Erlebnisgeschichte noch einmal durch und prüfe die Satzanfänge.

5. **Ich überarbeite** die Erlebnisgeschichte.

6. **Ich finde** eine passende Überschrift.

1 Schreibe eine Erlebnisgeschichte.
Nutze den Leitfaden.

Heft 3, S. 22 ①

...

So geht eine Schreibkonferenz:

1. **Ich suche** mir drei Kinder. Mit ihnen bespreche ich meine Geschichte.

2. **Ich verteile** die Aufgaben:

Verständnis-Profi
- Kann man alles verstehen?
- Kann man die Geschichte mit eigenen Worten erzählen?

Aufbau-Profi
- Werden in der Einleitung diese Fragen beantwortet: Wer? Wann? Wo?
- Ist der Hauptteil ausführlich und interessant?
- Gibt es einen kurzen Schluss?
- Passt die Überschrift?

Ausdrucks-Profi
- Sind die Sätze zu lang?
- Gibt es verschiedene Satzanfänge?

3. **Ich lese** meine Geschichte den anderen Kindern (mehrmals) vor.

4. **Ich erhalte** von den anderen Kindern Tipps.

5. **Ich überarbeite** meine Geschichte.
   Die Tipps der anderen Kinder helfen mir dabei.

 ① Besprich in einer Schreibkonferenz deine Erlebnisgeschichte von Seite 22. Nutze diesen Leitfaden.

AH 27

Lernportion 3: Geschichten planen, schreiben und überarbeiten

Plenum: Vorgehensweisen bei der kriteriengeleiteten Überprüfung und Optimierung von Texten in Bezug auf Verständlichkeit und Wirkung im Rahmen einer Schreibkonferenz beschreiben

D 28  **23**

① Ergänze in Tims Beschreibung die passenden
Adjektive zu den Nomen.
Nutze auch die Wörter im Rahmen.

Heft 3, S. 24 ①
Auf dem Kopf hat das Kind
eine grüne Kappe. …

★ gepunktet
★ blond
★ gelockt
★ dunkelhaarig
★ kurz
★ lang
★ bunt
★ gelb
★ rot
★ grün
★ gestreift

Wer ist
gemeint?

Auf dem Kopf
hat das Kind eine Kappe.
Es trägt eine Jacke, eine Hose
und Schuhe. In der Hand
hält es ein Seil.

② Lies deinen Text aus ① einem Kind vor.
Wenn es auf das richtige Kind zeigt,
hast du es genau beschrieben.

③ Beschreibe noch ein Kind auf dem Bild.
Lass ein Kind zeigen, wen du meinst.

Mit Adjektiven
kannst du genau
beschreiben.

1 Ordne jeder Figur die passende Beschreibung zu.
Trage die richtige Nummer ein.

Frau Wandel

runder Kopf | braune Haare | Scheitel | langer,
geflochtener Zopf | geschwungene Augenbrauen | große,
blaue Augen | schiefe Nase | lange Ohrringe | Grübchen
an den Wangen | runde Lippen

Herr Bach

eckiger Kopf | kurze, lockige, rote Haare |
eng stehende, braune Augen | buschige
Augenbrauen | große Nase | schiefer Mund |
schmale Lippen | abstehende Ohren

Herr Ludwig

ovaler Kopf | spitzes Kinn | wenig
Haare | Bart | große, grüne Augen |
dünne Augenbrauen | anliegende Ohren |
kleine Nase | volle Lippen

Frau Dürr

länglicher Kopf | zerzauste, schwarze Haare |
schmale, braune Augen | dünne Augenbrauen |
Stupsnase | breiter Mund | schmale Lippen |
rote Wangen | Sommersprossen

2 Ordnet die Wörter richtig zu. Unterstreicht in der passenden Farbe.

Kleidung   **Figur/Körperbau**   **Besonderheiten**

 schlank ⋆ gestreift ⋆ Zahnlücke ⋆ zierlich ⋆

sportlich ⋆ Grübchen ⋆ einfarbig ⋆ muskulös ⋆

Narbe ⋆ gepunktet ⋆ Muttermal ⋆ mollig ⋆

Tätowierung ⋆ gemustert ⋆ kariert ⋆ bunt

Klärt
unbekannte
Wörter!

So beschreibe ich eine Person:

1. **Ich überlege**, wen ich beschreiben möchte.

2. **Ich sehe genau hin** und notiere Stichwörter zu Größe, Alter, Figur, Kopf, Kleidung.

3. **Ich beschreibe** die Person und verwende
   – treffende, genaue Wörter,
   – verschiedene Satzanfänge:
   Die Person hat ...
   Sie trägt ...
   Auffällig ist ebenfalls ihr ...

4. **Ich lese** meinen Text und prüfe, ob noch etwas fehlt.

5. **Ich überarbeite** meine Beschreibung.

(1) Beschreibe ein Kind aus deiner Klasse genau.
Schreibe auf ein Blatt Papier.

Nenne nicht den Namen des Kindes! In Aufgabe 2 wird ein Rätsel daraus.

③ Male zu einer Person aus ②.
Hänge das Bild unter die Beschreibung.

④ Schreibe auf Kärtchen:
Was ist gut? Was kann verbessert werden?
Hänge die Kärtchen zu den Beschreibungen.

Nenne die Farbe der Augen.

Ordne die Sätze besser.

Achte auf die Satzanfänge.

Du hast treffende Adjektive verwendet.

Lernportion 4: Beschreibungen verfassen

Plenum: Austausch über Merkmale einer Personenbeschreibung, sich gegenseitig wertschätzende Rückmeldungen geben

 27

(1) Lies den Text. Achte besonders auf
die Personenbeschreibung in Zeile 6–10.

Wer kennt diesen Mann?

1   Am Sonntag fuhr ich mit meinem Fahrrad.

In der Nähe der Brücke hatte ich

einen platten Reifen.

Ein netter Mann half mir.

5   Ich möchte mich gern bei ihm bedanken.

Der Mann ist nicht so alt.

Er ist groß.

Sein Gesicht sieht nett aus.

Er hat braune Haare.

10   Er trug eine Hose, ein T-Shirt und schöne Schuhe.

Über Hinweise würde ich mich freuen.

Eure Lisa

(2) Überarbeite die Personenbeschreibung aus (1).
Nutze das Bild und den
Leitfaden auf Seite 26.

Beschreibe den
Mann genauer.
Nutze auch treffende
Adjektive.

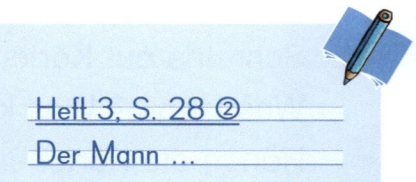

Heft 3, S. 28 (2)

Der Mann ...

(3) Lies deine Beschreibung aus (2) einem Kind vor.
Lass dir eine Rückmeldung geben.

1 Lies den Steckbrief. Zeichne Lotta.

Name:	Lotta
Alter:	9 Jahre
Gestalt:	schlank
Kopf:	rund
Haare:	lange braune Haare, zwei Zöpfe
Augen:	grün
Nase:	schmal und spitz
Kleidung:	gelbes Kleid mit roten Punkten, blaue Sandalen
Besondere Kennzeichen:	grüne Brille

2 Beschreibe Lotta in Sätzen. Die Satzanfänge helfen dir.

| Sie ist … | Lotta hat … | Ihre Haare sind … | Lottas Augen … |

Das Kind heißt

> Über ein **vergangenes Erlebnis** schreibe ich mit **Verben**
> in der **Vergangen**heit: sie rannte, er lief, wir spielten ...

① Lies die Verben in der Gegenwart und in der Vergangenheit.
Ordne sie passend in die Tabelle ein.

sie zieht
sie sprangen
er isst
sie kletterte
er spielt
sie zog
sie springen
er aß
er spielte
sie klettert

Gegenwart	Vergangenheit
sie zieht	sie zog

② Lies den Text. Unterstreiche die Verben.

Unfall auf dem Hof

Lisa <u>zieht</u> einen Wagen, auf dem Emil <u>sitzt</u>.
Lisa rennt sehr schnell. Da prallt der Wagen an den Stamm
der dicken Eiche. Emil knallt an den Baum und
fällt auf den Boden. Seine Nase blutet stark
und er weint laut. Emil kommt zwei Wochen
nicht in die Schule.

③ Schreibe den Text aus ② in der Vergangenheit auf.

Lisa <u>zog</u>

④ Unterstreiche die Verben in ③.

Lernportion 5: Geschichten nacherzählen

So schreibe ich eine Nacherzählung:

1. **Ich passe genau auf,** wie die Geschichte verläuft.

2. **Ich notiere** Stichwörter zur Geschichte.

3. **Ich schreibe** mit Hilfe der Stichwörter eine Nacherzählung. Ich achte darauf,
   - in der Einleitung alle **W-Fragen** zu beantworten,
   - **nur das Wichtigste** zu erzählen,
   - die **Reihenfolge** einzuhalten,
   - die **Vergangenheit** zu verwenden,
   - **unterschiedliche Satzanfänge** zu nutzen.

4. **Ich lese** die Nacherzählung noch einmal. Dabei achte ich auf die Vergangenheit und unterschiedliche Satzanfänge.

5. **Ich überarbeite** die Nacherzählung.

① Lies die Geschichte auf Seite 33 mehrmals. Kläre unbekannte Wörter.

② Notiere Stichwörter zum Text auf Seite 33.

Heft 3, S. 32 ②
– Kokokaka, Land hinter den Bergen
– Pumpus lebten da, alle blaues Fell
– eines Tages ...

Ein buntes Land

1 Kokokaka war ein Land hinter den Bergen.
Dort lebten die Pumpus schon seit tausend Jahren.
Eines hatten alle Pumpus gemeinsam: ein blaues Fell.

Bis eines Tages das erste Pumpu mit einem roten Fell
5 geboren wurde. Seine Eltern erschraken sehr, als sie
ihr rotes Kind sahen. Sie wuschen und schrubbten es
immer wieder, aber das Fell ihres Kindes blieb rot.

Das rote Pumpu war gesund, aber nicht glücklich.
Denn obwohl seine Eltern es lieb hatten und
10 die meisten Pumpus nett zu ihm waren,
spürte das rote Pumpu, dass es anders war.

Einmal meinte ein großes Pumpu: „Ich wünsche mir
schon lange ein grünes Fell. Nur habe ich mich bisher
nie getraut, das zu sagen." Das große Pumpu füllte
15 einen Bottich mit Wasser, sammelte verschiedene Kräuter
und warf sie hinein. Bald färbte sich das Wasser grün und
das große Pumpu stieg in den Bottich. Und es dauerte
nicht lange, bis ein grünes Pumpu aus dem Bottich stieg.
Auch andere färbten in den nächsten Wochen ihr Fell und
20 bald gab es Pumpus in vielen Farben. Zwischen den vielen
farbigen Pumpus fühlte sich das rote Pumpu endlich wohl. ◇

Manfred Mai

③ Erzähle die Geschichte aus ① einem Kind.
Nutze deine Stichwörter.

④ Schreibe eine Nacherzählung zum Text.
Nutze deine Stichwörter aus ② und den Leitfaden
auf Seite 32.

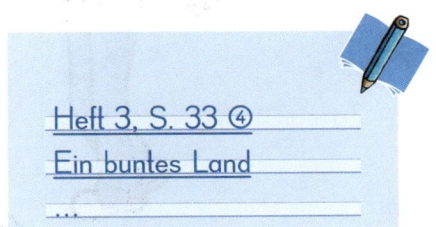

Heft 3, S. 33 ④
Ein buntes Land
...

Lernportion 5: Geschichten nacherzählen

Plenum: Lernergebnisse präsentieren; die Berücksichtigung der im Leitfaden dargestellten Gesichtspunkte
beschreiben und bewerten
MK-Tipp: sich mit Hilfe einer Kindersuchmaschine im Internet über Manfred Mai informieren

D 30

33

1 Suche dir vier Kinder. Spielt die Geschichte von Seite 33.

a) Lest die Geschichte noch einmal.

b) Verteilt die Rollen:

Erzähler oder Erzählerin, Mutter, Vater, rotes Pumpu, großes Pumpu

c) Überlegt:

Was sagen die Personen?

– der Erzähler liest vor

– Mutter bei der Geburt des roten Pumpus

– Vater

– großes Pumpu

– rotes Pumpu

Was tun die Personen? Welche Gefühle zeigen sie?

– Eltern erschrecken (Hand vor dem Mund)

– Vater füllt Eimer mit Wasser, um rotes Pumpu zu schrubben …

– …

2 Übt, die Geschichte zu spielen.

3 Spielt die Geschichte eurer Klasse vor.
Lasst euch Rückmeldungen geben.

1 Lies die Geschichte.

Allein zu Hause

Gestern Abend gingen meine Eltern ins Kino. Ich war das erste
Mal allein zu Hause. Da sah ich mir noch eine Serie an,
die bis 20 Uhr dauerte. Dann ging ich ins Bett. Ich war fast
eingeschlafen, da hörte ich ein leichtes Kratzen am Fenster.
Sofort war ich wieder wach. Ich hatte Angst.
Dann hörte ich ein „Miau" und wusste, dass es nur unser Kater Nero
war. Nun schlief ich wieder ein.

2 Besprecht, ob die drei Nacherzählungen gelungen sind. Begründet.
Nutzt den Leitfaden auf Seite 32.

Gestern Abend schlief ich vor dem Fernseher ein.
Plötzlich erwachte ich von einem leichten Kratzen
am Fenster.

Gestern gingen meine Eltern ins Kino und ich war allein. Bis
zwanzig Uhr sah ich eine Serie, dann ging ich in mein Bett.
Kurz vor dem Einschlafen hörte ich plötzlich ein leichtes
Kratzen am Fenster. Ich hatte Angst. Zum Glück war es nur
unser Kater. So konnte ich schnell wieder schlafen.

Gestern Abend war ich allein zu Hause. Ich setzte mich
mit Keksen vor den Fernseher. Meine Serie
fand ich super und ich schaute sie lange.
Plötzlich hörte ich ein lautes Krachen am Fenster.
Meine Katze hat wohl einen Vogel gefangen.

Ein Text wird lebendiger, wenn man nicht immer die gleichen Wörter nutzt.
Man kann sie durch Wörter aus dem gleichen **Wortfeld** ersetzen.

Gedanke ⟶ Idee, Einfall
leuchten ⟶ schimmern, glitzern
groß ⟶ riesig, gewaltig

1 Ordne die Wortfelder passend zu.

Zank, Reiberei, Zoff	sehen
winzig, mickrig, mini	Streit
horchen, lauschen, aufschnappen	klein
betrachten, erblicken, entdecken	schnell
flink, rasch, rasant	hören

2 Finde für jedes gelbe Wort ein ähnliches Wort.

⭐ Lisas Geschenke sind schön.

⭐ Die Maus rennt in das Loch.

⭐ Malik wirft die Jacke in die Ecke.

⭐ Vor Angst lässt sie den Stift fallen.

⭐ Im Wald ist es dunkel.

toll

① Lies den Text. Unterstreiche alle Wörter für sagen.

Wie wir sprechen

1 Wir können reden, jubeln, fragen,

anderen Menschen vieles sagen.

Laut und leise kann es sein,

freundlich oder auch gemein.

5 Manchmal brüllen wir uns an,

obwohl man das vermeiden kann.

Wer flüstert, ist leise und kaum zu verstehen.

Wer etwas zugibt, will es gestehen.

Wer traurig ist, hat Grund zu klagen,

10 auch jammern und heulen bedeutet sagen.

Wer bittet, ist höflich, das freut alle sehr,

spotten und lästern sind oft nicht fair.

Von einem Erlebnis kann man berichten,

und – wie ihr seht – mit Wörtern gut dichten.

② Kläre mit einem Kind die Wörter aus ①, die du nicht kennst.

1 Lies den Text. Unterstreiche alle Wörter, die zum Wortfeld gehen gehören.

Auf dem kürzesten Weg

Kims Mutter möchte, dass Kim nach der Schule

direkt nach Hause kommt und nicht trödelt.

Obwohl Kim sonst sehr gerne bummelt, will sie Mamas Wunsch erfüllen.

Nach der letzten Stunde verlässt Kim die Schule. Sie läuft nicht wie gewohnt

durch den Vorderausgang. Kim rennt hinter der Schule über den Bolzplatz,

geht die Böschung hinauf und kriecht oben durch das dichte Gebüsch.

Vor ihr liegen viele kleine Gärten. Vorsichtig stelzt Kim über Blumenbeete,

kniehohe Zäune, Salate und Kohlköpfe. Sie klettert über eine leere Hundehütte.

Sie überquert eine Straße. ◇

Werner Färber

2 Setze passende Wörter für gehen ein.

> wandern ✶ laufen ✶ flitzen ✶ schlurfen ✶ eilen ✶
> schleichen ✶ huschen ✶ hüpfen ✶ hinken ✶ trödeln

Es ist spät. Lea und ich ____**eilen**____ nach Hause. Auf dem Gehweg

_____ kleine Kinder. Zwei Roller _____ an uns vorbei.

Da _____ zwei Katzen unter einem Auto hervor. Wir möchten sie

streicheln und _____ hinter ihnen her. Doch die Tiere

_____ weiter. Sie _____ schneller als wir.

Wörter und Bilder reizen zum **Erzählen**.

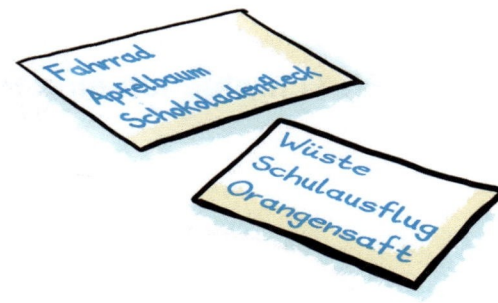

① Zeichne zu jedem Wort ein kleines Bild.

Kind	Mülltonne	Raumschiff

② Schreibe eine kurze Geschichte zu den drei Wörtern aus ①.

So schreibe ich eine Reizwortgeschichte:

1. **Ich lese** die Reizwörter und stelle sie mir vor.

2. **Ich plane** eine Geschichte mit den Reizwörtern.
   Welche Personen und Dinge kommen vor?

3. **Ich schreibe** mit den Reizwörtern eine Geschichte.
   Ich achte darauf,
   – in der Einleitung alle **W-Fragen** zu beantworten,
   – ausführlich den **Hauptteil** zu erzählen,
   – **wörtliche Rede** zu verwenden,
   – **treffende Wörter** zu nutzen (Wortfelder),
   – einen **passenden Schluss** zu schreiben,
   – **unterschiedliche Satzanfänge** zu verwenden,
   – eine **gute Überschrift** zu notieren.

4. **Ich lese** die Reizwortgeschichte noch einmal.
   Ich achte auf die wörtliche Rede und treffende Wörter.

5. **Ich überarbeite**
   die Reizwortgeschichte.

Treffende Verben machen die Geschichte spannender.

1 Schreibe eine Reizwortgeschichte zu A oder B.

A | Schaf | Tischtennis | Strand

B | Computer | Bäcker | Nudeln

Heft 3, S. 40 ①
...

① Lies die Reizwortgeschichten.

| Abend | Handy | Aprilscherz |

Am Sonntag war der erste April. Am Abend rief ich mit dem Handy meinen Onkel an. Dann rief ich ins Handy: „Miau!" Dann legte ich wieder auf. Dann lachte ich laut los. Dann dachte ich: „Was für ein lustiger Aprilscherz." Dann ging ich ins Bett.

Hanna

Ein gruseliger Anruf

Am Sonntag war ich allein zu Hause. Ich wollte gerade
ins Bett gehen, da klingelte das Handy. Ich ging ran und hörte eine
Stimme: „Geh nicht in dein Bett!" Ich war wie erstarrt. Als nach fünf
Minuten das Handy wieder läutete, wollte ich erst gar nicht rangehen.
Doch meine Neugier war groß.
Diesmal sagte die Stimme: „Geh nicht in dein Bett! Darin könnte sich
ein Aprilscherz verstecken." Am Lachen erkannte ich meine Freundin Tina.

Emil

② Gebt Hanna und Emil eine Rückmeldung. Beachtet den Leitfaden auf Seite 40.

Hanna: Deine Geschichte

Emil: Deine Geschichte

① **Lies die Anleitung.**

Ein Segelboot bauen

Du brauchst:

3 Korken, 2 Gummis, Karton, Schere, Stifte, 1 Holzstäbchen

So geht es:

| 1 |  | Zuerst bindest du die Korken mit zwei Gummis zusammen. |

| 2 |  | Nun schneidest du für das Segel ein Stück aus dem Karton und malst es bunt an. |

| 3 |  | Dann spießt du das Holzstäbchen zweimal durch das Segel. |

| 4 |  | Zuletzt steckst du das Holzstäbchen mit dem Segel in den Korken in der Mitte. |

② **Baue das Segelboot aus** ①.

③ **Suche im Internet eine Anleitung für etwas, das du bauen willst. Gib einen passenden Begriff in eine Kindersuchmaschine ein. Schreibe Anleitung oder bauen dazu.**

Ich möchte eine Rakete bauen.

Dann gebe ich **Rakete bauen** in die Suchmaschine ein.

Lernportion 7: Handlungsabläufe beschreiben

MK: im Internet mit Hilfe einer Kindersuchmaschine eine Bauanleitung suchen
MK-Tipp: ein Erklärvideo zu einer Bauanleitung drehen

42

① Nummeriere die Sätze.

Zähne putzen

___ drücke ich die Zahnpasta auf die Bürste.

___ spüle ich den Mund aus.

1 nehme ich die Zahnbürste und mache sie nass.

___ reinige ich die Zahnbürste unter fließendem Wasser.

___ putze ich zwei Minuten lang die Zähne.

② Schreibe die Sätze aus **①** in der richtigen Reihenfolge auf.
Nutze unterschiedliche Satzanfänge.

| Zuerst | Danach | Als Nächstes | ... |

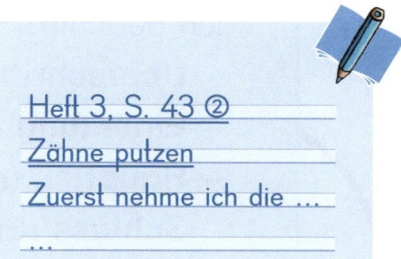

Heft 3, S. 43 ②
Zähne putzen
Zuerst nehme ich die ...
...

③ Schreibe auf, wie man sich die Haare wäscht.

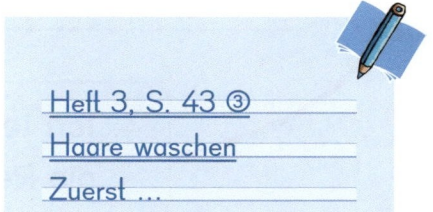

Heft 3, S. 43 ③
Haare waschen
Zuerst ...

Haare waschen

Zuerst	Danach	Dann	Zum Schluss

Duschbrause	kleine Menge	einschäumen	ausspülen
warmes Wasser	Shampoo	Augen schließen	

So schreibe ich eine Anleitung:

1. **Ich überlege**, was ich erklären möchte.

2. **Ich plane**, welche Schritte ich durchführe.
   Dazu notiere ich Stichwörter.

3. **Ich schreibe die Anleitung** mit Hilfe meiner Stichwörter.
   Ich beachte:
   - **Überschrift**,
   - **Einleitung** (Was braucht man?),
   - **Hauptteil** (richtige Reihenfolge, treffende Wörter/Fachbegriffe),
   - **Schluss** (Ergebnis),
   - Zeitform **Gegenwart**,
   - unterschiedliche **Satzanfänge**.

4. **Ich lese** die Anleitung noch einmal. Dabei prüfe ich
   die Reihenfolge und alle Schritte.

5. **Ich überarbeite** die Anleitung.

Zuerst …
Danach …

2 Schreibe zu den Bildern eine Anleitung.
Nutze den Leitfaden von Seite 44.

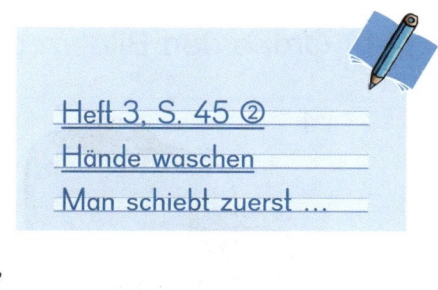

Heft 3, S. 45 ②
Hände waschen
Man schiebt zuerst ...

Anleitungen stehen
oft in der **Man-Form**.
Man schiebt zuerst ...

Hände waschen

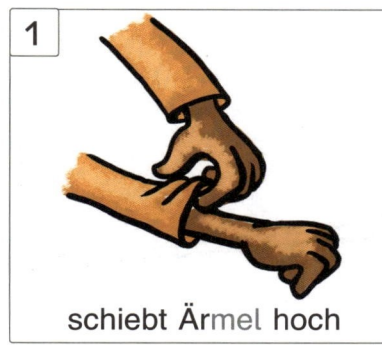

1 schiebt Ärmel hoch

2 macht Hände nass

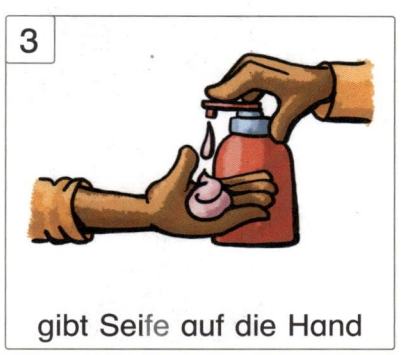

3 gibt Seife auf die Hand

4 seift 30 Sekunden ein

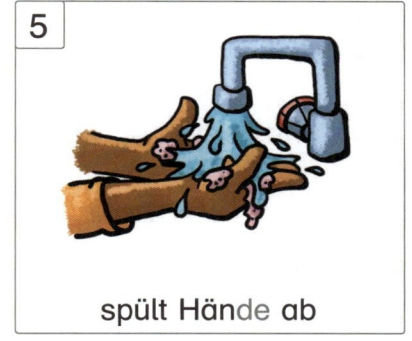

5 spült Hände ab

6 trocknet Hände ab

3 Lest euch eure Texte aus ② vor. Gebt euch eine Rückmeldung.

Ich habe
deine Anleitung gut
verstanden.

Die Zeitform
passt nicht immer.

Ich habe
noch eine Frage
zu ...

① Ordne den Bildern die Stichwörter zu.

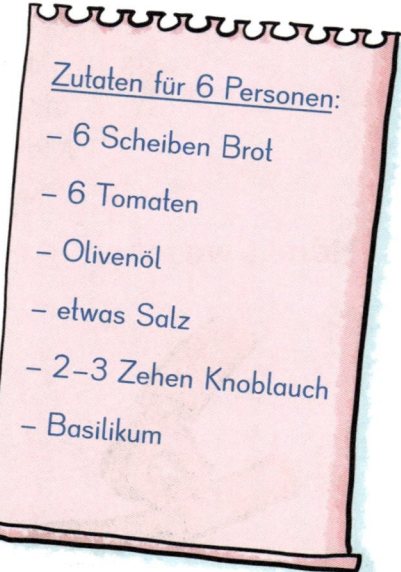

Zutaten für 6 Personen:

– 6 Scheiben Brot

– 6 Tomaten

– Olivenöl

– etwas Salz

– 2–3 Zehen Knoblauch

– Basilikum

| T | Mischung auf Brote verteilen | | US | Öl auf das getoastete Brot geben |

| ET | Tomaten mit Salz und Knoblauch mischen | | BR | Brot toasten |

| A | mit Basilikum verzieren | | CH | Tomaten und Knoblauch schneiden |

| 1 | 2 | 3 | 4 | 5 | 6 |

So heißt das Gericht: **BR** _____

② Schreibe die Anleitung zu ① in Sätzen auf.
Achte auf die Satzanfänge.

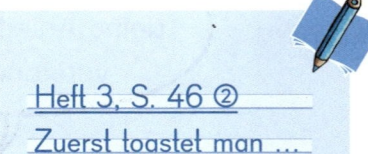

Heft 3, S. 46 ②
Zuerst toastet man …

Zu einem Rezept gehört
eine Liste mit den Zutaten. Zudem braucht
man eine Anleitung, wie es geht.

Lernportion 7: Handlungsabläufe beschreiben

Plenum: Austausch über Möglichkeiten, Handlungsabläufe geordnet festzuhalten und die Texte für die Veröffentlichung aufzubereiten

46

AH 54

①

Hier steht ein Rezept für ein Gericht, das ich sehr mag!

Ich schreibe gerade eine Liste mit Zutaten.

Das mag ich auch, aber noch lieber mag ich ...

② Schreibe eine Anleitung für ein leckeres Gericht auf ein Blatt. Nutze ein Kochbuch und den Leitfaden auf Seite 44.

③ Male ein Bild zu deinem Gericht aus ②.

④ Sammelt die Rezepte eurer Klasse in einem Ordner.

Lernportion 7: Handlungsabläufe beschreiben

MK-Tipp: mit Hilfe einer Kindersuchmaschine ein Kochrezept im Internet finden; ein Rezept am Computer gestalten

① Lies die E-Mail.
Unterstreiche alle Zutaten.

Von:	Daniel-Koch@beispiel.de
An:	emil.kowalski@beispiel.de
Betreff:	Kartoffeln mit Rosmarin

Lieber Emil,

hier ist mein Rezept für Kartoffeln mit Rosmarin.
Für vier Personen brauchst du 500 Gramm Kartoffeln, vier Esslöffel Olivenöl,
vier Esslöffel klein gehackten Rosmarin, Salz und Pfeffer.
Zuerst musst du die Kartoffeln mit einer Bürste gut säubern.
Dann schneidest du die Kartoffeln auf einem Brettchen in Scheiben.
Nun streichst du das Olivenöl auf ein Backblech. Danach verteilst du die
Kartoffeln auf dem Blech. Jetzt kommt der gehackte
Rosmarin auf die Kartoffeln. Zum Schluss streust du
Salz und Pfeffer auf die Kartoffeln. Lass alles nun
im Ofen 20 Minuten bei 200 Grad backen.

Liebe Grüße

Dein Onkel Daniel

② Schreibe eine Liste mit den Zutaten aus ①.

Heft 3, S. 48 ②
Kartoffeln mit Rosmarin
Zutaten:
– 500 Gramm Kartoffeln
– ...

③ Schreibe die Anleitung zu ① in der Ich-Form auf.

Heft 3, S. 48 ③
Anleitung:
Zuerst säubere ich die
Kartoffeln ... Dann ...
Nun ...

1 Suche in Kochbüchern oder im Internet ein Rezept mit Kartoffeln.

2 Schreibe dein Rezept aus 1 am Computer ab. Gestalte es.

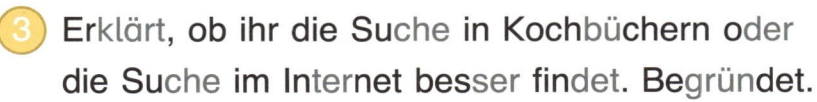

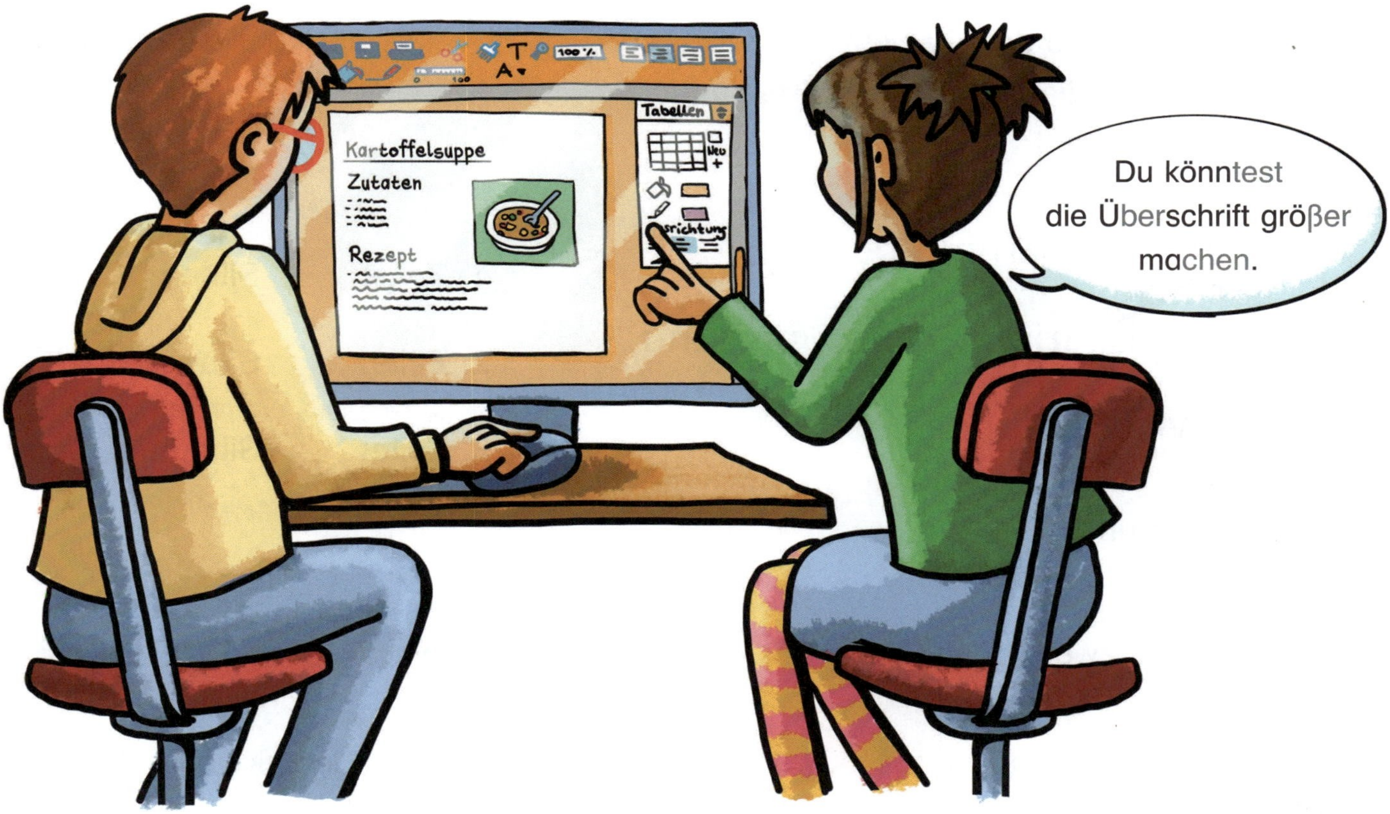
Kartoffelsuppe
Zutaten
Rezept
Tabellen
Du könntest die Überschrift größer machen.

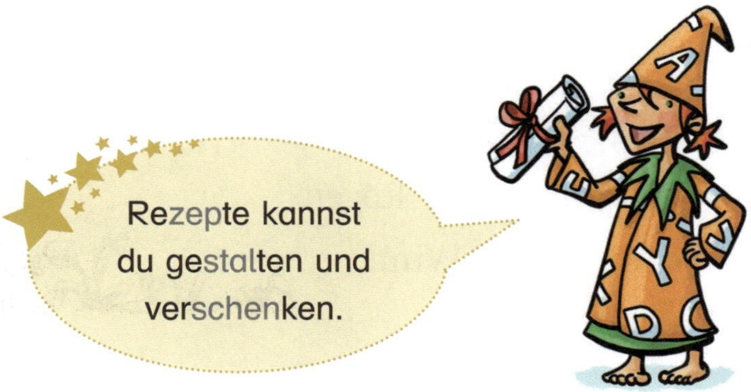
Rezepte kannst du gestalten und verschenken.

3 Erklärt, ob ihr die Suche in Kochbüchern oder die Suche im Internet besser findet. Begründet.

Lernportion 7: Handlungsabläufe beschreiben

MK: ein Rezept mit Hilfe einer Kindersuchmaschine im Internet recherchieren; Vor- und Nachteile von analogen und digitalen Kochbüchern besprechen

> Das **Haiku** ist ein besonderes Gedicht.
> Es hat drei Zeilen und 17 Silben:
> 1. Zeile = 5 Silben,   2. Zeile = 7 Silben,   3. Zeile = 5 Silben
> Im Haiku geht es oft um die Natur, Feuer, Wasser, Erde und Luft.

① Kreuze an, ob das Gedicht ein Haiku ist.
Prüfe dazu die Anzahl der Silben und
worum es geht.

Haiku   ja ☐   nein ☐

Regen im Frühling

Alles ist frisch, grün und jung

So viele Blumen

1. Zeile: _____ Silben

2. Zeile: _____ Silben

3. Zeile: _____ Silben

Es geht um _____.

② Hier sind zwei Haikus vermischt. Unterstreiche mit zwei Farben.

Es donnert und blitzt
Flocken fallen leicht
Schneemann lacht mit großem Mund
Gräser und Blumen zittern
Bald kommt der Regen
Schön ist der Winter

Ein Haiku handelt
vom Winter, das andere
vom Frühling.

③ Schreibe die beiden Haikus aus ② richtig auf.

Heft 3, S. 50 ③
Es donnert und …

1 Wähle ein Thema für ein Haiku aus. Markiere es.

| Frühling | Sommer | Herbst | Winter |

| Luft | Erde | Feuer | Wasser |

2 Schreibe ein Haiku zu deinem Thema aus ①.

Nun prüfe ich noch einmal die Anzahl der Silben.

Thema: Wasser
Tropfen auf Blättern
funkeln wie kleine Sterne.
Regen im Sommer.

Thema: Feuer
5 Silben _____
7 Silben _____
5 Silben _____

3 Gestalte dein Haiku aus ②.
Male dazu.

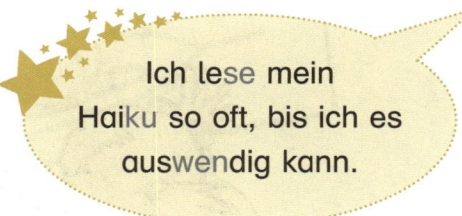

Ich lese mein Haiku so oft, bis ich es auswendig kann.

4 Stelle anderen Kindern dein Haiku vor. Der Leitfaden auf Seite 10 hilft dir.

1 Lies den Text.

Ein berühmter Dichter

Der Japaner Matsuo Basho lebte von 1644 bis 1694.
Er hat viele Haikus geschrieben. Dadurch wurde
er berühmt. Sein Haiku über einen Frosch ist
besonders bekannt. Es wurde in viele Sprachen
übersetzt.

Haiku in japanischer Schrift	So spricht man das aus	Übersetzung
古池や	*furu ike ja*	Ein alter Teich.
蛙飛び込む	*kawazu tobikomu*	Ein Frosch springt hinein.
水の音	*mizu no oto*	Das Wasser plätschert.

2 Untersucht die Übersetzung
des Frosch-Haikus.
Prüft die Anzahl der Silben:
1. Zeile: 5 Silben
2. Zeile: 7 Silben
3. Zeile: 5 Silben

Die kleine Schnecke
kriecht langsam über das Blatt.
Sie beißt ein Stück ab.

3 Schreibt wie Hanna ein Tier-Haiku
auf ein Blatt Papier. Malt dazu.

① Lest das Gedicht. Sprecht über den Aufbau.

baum

baum kind

kind

kind hund

hund

hund haus

haus

haus baum

baum kind hund haus

Eugen Gomringer

Gedichte mit diesem Aufbau heißen **Avenidas**.

② Zeichne ein Bildergedicht zu ①.
Nutze die vier Farben.

① Finde zu einem Thema vier Nomen.

1.

2. _____

3. _____

4. _____

② Setze deine Wörter aus ① hier ein.

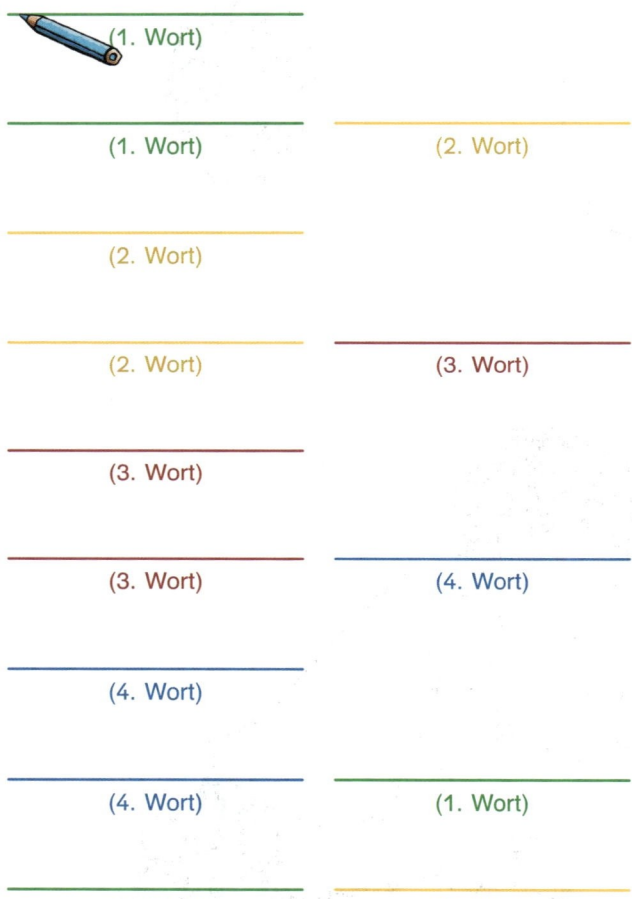

(1. Wort)

(1. Wort)   (2. Wort)

(2. Wort)

(2. Wort)   (3. Wort)

(3. Wort)

(3. Wort)   (4. Wort)

(4. Wort)

(4. Wort)   (1. Wort)

(1. Wort)   (2. Wort)   (3. Wort)   (4. Wort)

Man kann Wörter in einem Gedicht durch eigene Wörter ersetzen. Dann hat man ein **Parallelgedicht**.

③ Lies einem Kind dein Gedicht aus ② vor.

Lernportion 8: Gedichte schreiben

MK-Tipp: ein Parallelgedicht am Computer schreiben und gestalten

D 34

AH 61

 Wörter **in einem Gedicht** kann man **durch Geräusche ersetzen**. So entsteht ein **Parallelgedicht mit Geräuschen**.

① Probiert aus, welche Geräusche ihr machen könnt.

klatschen, schnalzen, schnippen, stampfen …

② Nutzt den Bauplan des Gedichtes von Seite 53. Bestimmt für jede Farbe ein Geräusch.

③ Probiert das Gedicht nun mit euren Geräuschen aus.

Themenheft 3
Texte planen und schreiben

Herausgegeben von:	Roland Bauer, Jutta Maurach
Erarbeitet von:	Katrin Baudendistel, Daniela Dreier-Kuzuhara, Martina Schramm in Zusammenarbeit mit der Redaktion Grundschule Deutsch 2–4
Begutachtung:	Astrid Dittberner (Niedersachsen), Susanne Gatniejewski (Sachsen)
Redaktion:	Kristina Fischer, Sabine Gerber, Milena Lemke
Illustration:	Yo Rühmer, Frankfurt am Main
Umschlag:	Cornelia Gründer, Corngreen GmbH, Leipzig (Gestaltung); Yo Rühmer, Frankfurt am Main (Illustration)
Layout:	lernsatz.de
Technische Umsetzung:	Corngreen GmbH, Leipzig

www.cornelsen.de

1. Auflage, 1. Druck 2025

Alle Drucke dieser Auflage sind inhaltlich unverändert und können im Unterricht nebeneinander verwendet werden.

© 2025 Cornelsen Verlag GmbH, Mecklenburgische Str. 53, 14197 Berlin, E-Mail: service@cornelsen.de

Druck: Athesiadruck GmbH, Bozen

ISBN 978-3-464-81375-1 (Themenheft 3 leicht gemacht, Verbrauchsmaterial)

PEFC-zertifiziert
Dieses Produkt stammt aus nachhaltig bewirtschafteten Wäldern und kontrollierten Quellen
PEFC/18-31-166   www.pefc.de